Markus Baum

Das Böse – der Feind,
den wir nicht lieben müssen

Die Bosheit überwältigt die Weisheit nimmermehr.

Weisheit 7,30

Markus Baum

Das Böse – der Feind, den wir nicht lieben müssen

Bibliografische Information
der Deutschen Nationalbibliothek:
Die Deutsche Nationalbibliothek verzeichnet diese
Publikation in der Deutschen Nationalbibliografie;
detaillierte bibliografische Daten
sind im Internet über http://dnb.dnb.de abrufbar.

TWENTYSIX – Der Self-Publishing-Verlag
Eine Kooperation zwischen der Verlagsgruppe
Random House und BoD – Books on Demand

© 2017 Markus Baum

Umschlagillustration:
"Kain erschlägt Abel", Rembrandt van Rijn ca. 1650

Herstellung und Verlag:
BoD – Books on Demand, Norderstedt

ISBN: 978-3-740-72691-1

Inhaltsverzeichnis

Rätselhaft und doch real: Das Böse

Das Böse fasziniert. Das Böse und die Bosheit in all ihren Ausprägungen liefern erstaunlich viel Gesprächsstoff, inspirieren Schriftsteller und Filmemacher zu Schauerromanen und Schockern, sorgen für Nervenkitzel am Fließband. An einem durchschnittlichen Wochentag sterben auf deutschsprachigen Fernsehkanälen wesentlich mehr Menschen eines unnatürlichen Todes als im wirklichen Leben – auch wenn ca. 3.000 Mord- und Totschlagsdelikte und rund 180.000 Gewaltverbrechen pro Jahr in Deutschland natürlich kein Pappenstil sind. Und was verkaufen die Buchhandlungen oft vom Stapel weg? Thriller aller Art, in denen der menschliche Erfindungsreichtum in Sachen Bosheit und Grausamkeit bizarre Blüten treibt.

Das Böse ist ebenso bedrohlich wie interessant, und warum: Weil offensichtlich fast jeder Mensch zum Bösen fähig ist. Die wenigsten Zeitgenossen sind von Natur aus so sanftmütig und liebevoll, dass sie zu keinem hässlichen Wort, zu keinem garstigen Gedanken, zu keiner Gemeinheit oder bösen Tat fähig wären. Das ist ja das Schlimme: Das Böse ist jeder und jedem von uns erschreckend nah.

Den Erfahrungen des russischen Schrifsteller Alexander Solschenizyn im „Archipel Gulag" zufolge verläuft „die Linie, die Gut und Böse trennt, quer durch jedes Menschenherz." Solschenizyn hat „selbst im gütigsten Herzen" einen uneinnehmbaren „Schlupfwinkel des Bösen"[1] ausgemacht. Und der britische Essayist und Narnia-Schöpfer C.S. Lewis lässt seinen Oberteufel Screwtape in der „Dienstanweisung für einen Unterteufel" sagen: „Tu, was du willst, immer wirst du Güte und Bosheit nebeneinander in der Seele deines Patienten finden."[2]

Kein Mensch kann sich aus allem heraus halten. Wir alle werden schuldig. Wir alle versündigen uns aneinander, an der Menschheit, an der Gesellschaft – durch unser Tun ebenso wie durch unser Nichtstun. Oft in der besten Absicht. Darauf hat der britische Kulturwissenschaftler Terry Eagleton 2010 in einem Buch über das Phänomen des Bösen hingewiesen: „Handlungen können bösartig sein, auch wenn ihre Urheber es nicht sind. Gleiches gilt für das Gutsein. Schurken können gelegentlich gute Samariter sein."[3] Und man darf dem Augenschein nicht immer trauen. „Von zwei gleich aussehenden Handlungen kann die eine böse und die andere nicht böse sein."

Das Böse. Was könnte das Leben schön sein, wenn die Welt so wäre, wie wir sie uns wünschen: geschwisterlich, friedlich. Aber so ist es leider nicht. Wir haben es in dieser Welt nicht nur mit Leuten und Kräften zu tun, die das Gute aufbauen, pflegen, entwickeln wollen, mit Geduld und Liebe. Es gibt auch Mächte und Gewalten mit einem anderen Programm. Von dieser anderen Seite der Welt hat vor knapp 2.000 Jahren der Apostel Paulus gesprochen in seinem Brief an die Christen in Rom, entstanden höchstwahrscheinlich im Jahr 56 n.Chr. in Korinth. Dort im Römerbrief, am Ende des 8. Kapitels, schreibt Paulus: „Ich bin gewiss, dass weder Tod noch Leben, weder Engel noch Mächte noch Gewalten, weder Gegenwärtiges noch Zukünftiges, weder Hohes noch Tiefes noch eine andere Kreatur uns scheiden kann von der Liebe Gottes."

Mächte und Gewalten. Das klingt zunächst einmal noch wertfrei. „Anders" muss nicht zwingend „böse" oder „schlecht" sein. Und Macht kann prinzipiell auch gut sein. Wir sollten uns aber nichts in die Tasche lügen. Der Charakter der Mächte und Gewalten, auf die Paulus anspielt, ist großteils zweifelhaft. Sie legen es darauf an, Menschen von der Liebe Gottes zu isolieren. In einem anderen Brief des Apostels Paulus, im Epheserbrief im sechsten Kapitel, da werden sie sogar personifiziert: Da ist die Rede von Mächt*igen*, Gewalt*igen*, von *Herren der Welt,* von *bösen Geistern unter dem Himmel* (Eph. 6,12). - Böse. Da ist das Wort gefallen.

Jesus hat das Phänomen des Bösen sehr ernst genommen. Allein in der Bergpredigt spricht er gleich dreimal das Böse und die Bosheit an. Jesus zufolge lässt Gott die Sonne aufgehen „über Böse und Gute", lesen wir im Matthäusevangelium (Mt. 5,45). Im Vaterunser lehrt Jesus seine Anhänger zu beten: „Erlöse uns von dem Bösen". Und in Sachen Gottvertrauen und Gebet charakterisiert er die Menschen als zumindest vergleichsweise böse, gemessen an der Güte Gottes nämlich (Mt. 7,11). Damit verglichen können Menschen eigentlich nur schlecht abschneiden.

Jesus durchschaut die finsteren Gedanken seiner Neider und erklärten Gegner und konfrontiert sie mit den Worten: „Warum denkt ihr so Böses in euren Herzen?" (Mt. 9,4). In Matthäus 13 spricht Jesus von „Kindern des Bösen" (Mt. 13,38) und in Matthäus 24 von „bösen" Knechten (24,48). Und im Johannesevangelium Kapitel 17 erbittet Jesus für seine Anhänger „Bewahrung vor dem Bösen" (Jh. 17,15). Daran knüpft der Apostel Paulus an in seinem zweiten Brief an die Thessalonicher (2. Thess. 3,3).

Im Römerbrief warnt Paulus: „Lass dich nicht vom Bösen überwinden" (Röm. 12,21). Im 1. Korintherbrief Kapitel 10 mahnt er: „Habt nicht am Bösen Lust" (1. Kor. 10,6), und im 2. Korintherbrief Kapitel 13: „Tut nichts Böses" (2. Kor. 13,7). Im 1. Thessalonicherbrief Kapitel 5 schließlich lesen wir: „Meidet das Böse in jeder Gestalt" (1. Thess. 5,22). Der Apostel Petrus gibt die Losung aus: „Vergeltet nicht Böses mit Bösem" (1. Petr. 3,9). Und im 1. Johannesbrief heißt es gar: „Ihr habt **den** Böse**n** überwunden" (1. Joh. 2,13).

Das Böse und die Bosheit spielt durch die ganze Bibel hindurch eine Rolle, vom 1. Buch Mose angefangen buchstäblich bis zum Ende, bis ins letzte Kapitel der Offenbarung. Das lässt sich nicht einfach ignorieren. Freilich kann ich Sie auch beruhigen: Die Tatsache, dass in der Bibel so viel vom Bösen die Rede ist, bedeutet nicht, dass der christliche Glaube auf das Böse und den Umgang damit fixiert wäre. Im Gegenteil. Dem christlichen Glauben geht es um **Überwindung des Bösen**, um **Gelassenheit** angesichts des Bösen **bei aller gebotenen Vorsicht**.

Diese Einsicht ist alles andere als selbstverständlich. Es hat in mittlerweile 2.000 Jahren Kirchengeschichte Zeiten gegeben, in denen ist dem Bösen allzu viel Ehre widerfahren. Pestzeiten. Kriege. Hexenwahn. Und da haben Christen in der besten Absicht versucht, buchstäblich den Teufel mit dem Belzebub auszutreiben. Haben selbst zu fragwürdigen und verwerflichen Mitteln gegriffen, um des Bösen Herr zu werden. Inquisition, Folter, Scheiterhaufen, Pogrome. Entsetzliche Irrwege, Ergebnisse von Fehlschlüssen und theologischen Engführungen. Und wir können zwar froh sein, dass wir in aufgeklärteren Zeiten leben. Aber wir brauchen uns nichts darauf einzubilden und sollten schon gar nicht überheblich auf vergangene Generationen herabsehen. Niemand kann sich schließlich aussuchen, in was für eine Zeit er oder sie hinein geboren wird.

Ich habe behauptet: Der christliche Glaube ist nicht auf das Böse und den Umgang damit fixiert. Vielmehr geht es um die Überwindung des Bösen. Das Ziel ist eine Welt, in der Bosheit ein Fremdwort ist. Menschen, die an Jesus Christus glauben und mit ihm leben, denken von diesem Ende her. Unter diesem Blickwinkel biete ich im Folgenden einige Gedanken über das Böse und über die Fähigkeit des Menschen zur Bosheit an. Nicht zu Ihrem oder meinem Vergnügen, dafür ist die Sache dann doch zu ernst, obwohl das Böse durchaus auch seine bizarren und lächerlichen Seiten hat und manches an diesem Phänomen durchaus zum Lachen reizt, wenn es nicht zum Heulen wäre. Aber hoffentlich zum allgemeinen Nutzen.

Zwei Extreme

Ich weiß nicht, wie es Ihnen geht – ich kann nur von mir ausgehen. Und ich entdecke in der aufgeklärten westlichen Gesellschaft vor allem zwei extreme Haltungen gegenüber der Tatsache des Bösen. Nun bin ich Christ und würde die Christenheit allzu gern davon ausnehmen – aber das geht leider nicht. Es befremdet und ist bedauerlich, aber beide Extreme finden sich auch unter Christen.

Das **eine** Extrem wäre: Wir nehmen das Böse zur Kenntnis, aber nicht an und für sich. Dort, wo es uns begegnet, da deuten wir das Böse sofort als Ergebnis von Ungeschick oder halbherzigem Einsatz, als Folge unglücklicher Umstände usw.. Das heißt: **Wir nehmen das Böse nicht ernst** oder jedenfalls nicht ernst genug. Wir verharmlosen es. Erst recht streiten wir entschieden ab, dass es so etwas wie ein personifiziertes Böses geben könnte, einen erklärten Feind Gottes und des Lebens, einen Satan oder Teufel. Das ist nur konsequent. Denn wenn das Böse insgesamt kein ernsthaftes Problem ist, dann wäre auch der Teufel, wenn es ihn denn gibt, eine ziemliche Witzfigur.

Damit wären wir in **die modernistische Falle** geraten – so wie die allermeisten Menschen in der aufgeklärten, entzauberten, wissenschaftsgläubigen Moderne. Aber auch durch und durch religiöse Menschen tappen in diese Falle. Das zeigt ein Blick in die gegenwärtige Christenheit: Wo das Böse kurz und klein geredet wird, da gerät christliche Seelsorge zur reinen Psychotherapie. Christliche Friedensarbeit unter diesem Vorzeichen wird zur sicher lobenswerten, nicht verkehrten, aber harmlosen Mediations- und Sozialarbeit und beschränkt sich dann manchmal auch darauf. Ist dann aber ratlos und sprachlos angesichts konkreter, widerwärtiger, monströser Manifestationen des Bösen wie etwa des Völkermordes an den Jesiden durch die Terrormiliz des selbsterklärten „Islamischen Staates" im Spätsommer und Herbst 2014. Und was die christliche Theologie betrifft: Sie wird unter diesem Vorzeichen zahnlos und belanglos. Denn wo die Wirklichkeit des Bösen geleugnet wird oder wo man sie verniedlicht, da ist auch die Bitte „Erlöse uns von dem Bösen" aus dem Vaterunser kaum dringender als die Bitte an den Zahnarzt: „Erlösen Sie mich von diesem dumpfen Schmerz hinten links."

Es gibt aber auch das **andere** Extrem. Und das hieße: Wir nehmen das Böse **überernst**. Wir zollen ihm mehr Respekt, als ihm zusteht. Wir sehen uns womöglich als Kreuzritter in einer Entscheidungsschlacht, an der das Schicksal der Welt hängt. Als ob die Entscheidung nicht schon längst gefallen wäre. Wir sehen Dämonen aus jedem Busch glotzen. Auch gläubige Menschen, auch Christen können in dieses Extrem verfallen. Sie beschwören eine drohend schwarze Kulisse, vor der das Erlösungswerk Jesu Christi stattfindet. Und sie tun das aus einem durchaus verständlichen Antrieb heraus. Auf die Art und Weise versuchen sie nämlich die Erlösung aufzuwerten (und ihren eigenen menschlichen Anteil daran gleich mit).

Auch damit wären wir in eine Falle geraten. Aber diesmal ist es nicht die modernistische, sondern **die gnostische Falle**. Die hat eine ungleich längere Tradition als die modernistische Variante – es gibt sie seit rund 2.000 Jahren. Schon die zwölf Apostel, die Wegbegleiter und Freunde von Jesus mussten sich in den ersten Jahrzehnten des Christentums damit herumärgern, mussten zelotische Eiferer zur Besinnung bringen und sich manchmal auch selbst den Spiegel vorhalten. Was ist so gefährlich und fatal an dieser Haltung? Ganz einfach: Wer dem Bösen zu viel Ehre gibt, wird leicht militant. Christliche Kreuzritter, die mit allen Mitteln gegen die Mächte der Finsternis zu Felde ziehen oder gegen das, was sie dafür halten – die sind in diese Falle getappt. Im heiligen Eifer überschreitet man gern auch mal Gesetze. Steckt zum Beispiel Abtreibungskliniken in Brand. Oder zieht ins Feld gegen eine mutmaßliche „Achse des Bösen". Oder verdammt in Bausch und Bogen z.B. alle Muslime (so wie ja umgekehrt die radikalen Dschihadisten des selbsterklärten „Islamischen Staates" alle Christen und alle Jesiden als Götzendiener verdammt und sich darin gefallen haben, das Urteil an den vermeintlichen Frevlern gleich selbst zu vollstrecken).

Beide Extreme, sowohl die Verharmlosung des Bösen als auch die Überschätzung des Bösen, sind natürlich Holzwege. In beiden Fällen täuschen wir uns über unsere eigene gebrochene Natur hinweg und über unsere eigene verhängnisvolle Neigung zum Bösen.

Im ersten Fall sind wir **insgesamt zu optimistisch**. Wir ignorieren die bitteren Erfahrungen von 5.000 Jahren menschlicher Zivilisationsgeschichte (weiter zurück reicht keine menschliche Aufzeichnung). Und auch die Botschaft der Bibel nehmen wir dann nicht ernst und ziehen keine Lehren aus 3.000 Jahren Religions- und 2.000 Jahre Kirchengeschichte.

Im zweiten Fall denken wir **schizophren**. Denn warum soll das anscheinend allgegenwärtige Böse, das uns umgibt und unsere Welt durchdringt, gerade um uns einen Bogen gemacht haben? Warum sollen ausgerechnet unsere Motive durch und durch lauter sein? Das wäre ein typischer Fall von Überheblichkeit und Selbstüberschätzung. Wer in diese Falle tappt, greift im schlimmsten Fall im Namen des Kampfes gegen das

Böse selbst zu bösartigen Mitteln – und merkt es noch nicht einmal.

Was können wir tun, was müssen wir tun, damit wir weder auf der einen noch auf der anderen Seite vom Pferd fallen? Nun, es gilt, dass wir das Böse erkennen und benennen und verstehen. So können wir es dingfest machen im eigenen Denken und Verhalten, in verbreiteten Handlungsmustern und sogar in gesellschaftlichen Prozessen.

Sobald wir uns über die Natur des Bösen im Klaren sind, können wir unsere eigene Haltung dazu überprüfen. Und dann die nötige Wachsamkeit entwickeln - bei gleichzeitiger Gelassenheit. Denn auch die ist geboten und gehört zum Verheißungskatalog des christlichen Glaubens. Christen können gelassen sein, weil Gott längst den Kampf gegen das Böse aufgenommen hat. Weil er das Übel bei der Wurzel gepackt hat. Als Christ glaube ich, dass diese Welt Zukunft hat. Und zwar eine friedliche und glückliche Zukunft, in der das Böse keine Rolle mehr spielen wird.

Verstörende Aspekte, hilflose Deutungsversuche

Wer über das Böse und über Bosheit nachdenkt, stößt fast zwangsläufig auf unterschiedliche Erscheinungsformen des Bösen. Da gibt es unpersönliche Schicksalsschläge – eine Naturkatastrophe zum Beispiel oder einen Verkehrsunfall. Und die bringen uns ins Grübeln: Womit haben wir das verdient? Wer oder was spielt uns da so übel mit? Wer oder was meint es da böse mit uns? Oder können wir solche Vorfälle gar nicht unter der Überschrift "Böse" verbuchen? Zum anderen machen wir Erfahrungen mit unseren lieben Mitmenschen und entdecken an ihnen: Da tun sich Abgründe auf. Angefangen bei scheinbar harmlosen Dingen wie Trägheit über Egoismus, Habgier, Lüge, Treuebruch, Arglist bis hin zu Mordgedanken – der Mensch ist offenbar zu allem fähig. Buchstäblich. Zu allem erdenklichen Schlechten. Und wir selbst sind ja auch Menschen. Also steckt das Böse womöglich auch in uns selbst? Ein unerquicklicher Gedanke.

In den letzten Jahrzehnten und Jahrhunderten haben eine ganze Reihe von Denkern und Wissenschaftlern versucht, sich diesem bedrückenden Phänomen zu nähern. Und sie sind dabei zu höchst unterschiedlichen Erkenntnissen und Sichtweisen gekommen. Einige wichtige Beispiele finden sich auf den folgenden Seiten.

Das sogenannte Böse

Der österreichische Biologe und Verhaltensforscher Konrad Lorenz hat die Redeweise vom „sogenannten Bösen" geprägt. In seiner Instinkttheorie hat Lorenz das Verhalten des Menschen abgeleitet vom triebhaften Verhalten der Tiere. Als genauer Beobachter im Tierreich hat Konrad Lorenz festgestellt: Was böse aussieht, kann ganz selbstverständlich sein. Ein Raubtier empfindet keinen Hass auf seine Beute. Der Tiger, der seine Beute schlägt, ist gar nicht böse. Auch die Schlange nicht, die das Kaninchen hypnotisiert, bevor sie es verschlingt. Wenn man das Kaninchen fragen würde – das würde die Sache natürlich etwas anders sehen. Die Opfer fürchten und hassen die Jäger verständlicherweise.

Konrad Lorenz hat nachgewiesen, dass aggressives Verhalten vor allem unter Artverwandten und Artgenossen ausgeprägt ist.[4] Revierkämpfe führen Tiere nur unter ihresgleichen. Im Tierreich haben wir es also weniger mit Bosheit als vielmehr mit Konkurrenz zu tun. Feindseligkeit und Aggression unter Tieren ist genauso dem Überlebenswillen geschuldet wie liebevolles, gemeinschaftsdienliches Verhalten. Konrad Lorenz hat auch einen engen Zusammenhang zwischen Liebe und Aggression nachgewiesen. Die fürsorglichsten, treusten und liebevollsten Vertreter im Tierreich sind zugleich die, die ihren Nachwuchs, ihre Sippe, ihren Verband am entschlossensten verteidigen – notfalls bis aufs Blut. Aber ist das böse? Doch eigentlich nicht.

Freilich wird Konrad Lorenz' Rede vom „sogenannten Bösen" gern missverstanden. Nach dem Motto: Wer sich böse verhält und anderen schadet, kann im Grunde nichts dafür, ist eigentlich nur Opfer seiner Gene. Aber das ist eine unzulässige Vereinfachung. Bosheit ist keine unvermeidliche Begleiterscheinung der Evolution. Allerdings weisen die Biologen darauf hin, dass die Veränderungsprozesse innerhalb einer Art, die sogenannte „intraspezifische Selektion", gelegentlich unerwünschte Merkmale hervorbringt oder verstärkt.

Konrad Lorenz zufolge hat eine solche Selektion im Fall der Spezies Homo sapiens, also im Fall des Menschen eine verhängnisvolle Richtung eingeschlagen, die evolutionär keinerlei Nutzen hatte, sondern einfach nur fatal war: „Als die Menschen eben gerade so weit waren, dass sie (...) die von außen drohenden Gefahren des Verhungerns, Erfrierens und Gefressenwerdens durch Großbraubtiere einigermaßen gebannt hatten (...), muss eine böse intraspezifische Selektion eingesetzt haben."[5] Nicht eine „sogenannte böse", sondern einfach eine „böse" Selektion. Mit dem Ergebnis, dass der Aggressionstrieb beim Menschen mitunter völlig aus dem Ruder läuft bis hin zum Brudermord und zum Einsatz von Massenvernichtungswaffen gegen seinesgleichen.

Die Bosheit taucht in Konrad Lorenz' Gedankengang völlig unvermittelt auf, sie kommt quasi aus heiterem Himmel. Der Verhaltensforscher konnte ihr nur mit einer Portion Optimismus und mit dem Prinzip Hoffnung begegnen nach dem Motto: Wird schon nicht ganz so schlimm kommen. Immer vorausgesetzt, der Mensch sieht ein, dass er „seinen ererbten Neigungen nicht blindlings folgen darf, sondern lernen muss, sie zu beherrschen und ihre Auswirkungen vorausschauend in verantwortlicher Selbstbefragung zu überprüfen."[6]

Bleibt festzuhalten: Konrad Lorenz konnte das Böse nicht wirklich erklären und wollte das auch gar nicht, aber immerhin hat er erhellende Schlaglichter auf das Wesen, den Nutzen und die Wechselwirkungen von aggressivem Verhalten geworfen und hilft so zumindest bei der Abgrenzung des Bösen und der Bosheit von durchaus verständlichen und entschuldbaren Verhaltensweisen.

Strukturelle Gewalt

Der norwegische Friedensforscher Johan Galtung hat 1969 die Redeweise von der „strukturellen Gewalt" eingeführt. Was hat er damit gemeint? „Die vermeidbare Beeinträchtigung grundlegender menschlicher Bedürfnisse oder, allgemeiner ausgedrückt, des Lebens, die den realen Grad der Bedürfnisbefriedigung unter das herabsetzt, was potentiell möglich ist."[7] Gewalt kann quasi alles sein, was mich an der Entfaltung meiner Möglichkeiten hindert – soziale Ungleichheit, schlechte Bildungschancen, das Wohlstandsgefälle zwischen den Industriestaaten einerseits und weniger entwickelten Ländern auf der südlichen Erdhalbkugel.

Das Böse hat in diesem gedanklichen Konzept kein Gesicht und keinen Namen mehr, dafür tritt es in unpersönlichen Strukturen zutage, etwa in der Wirtschaft, im Gesellschaftsgefüge, in der Art und Weise, wie ein Staat seine Bürger beteiligt und dabei einzelne Gruppen auch benachteiligt. – Besonders linke Denker und Philosophen haben das Konzept dankbar aufgegriffen; fatalerweise hat es auch extremistischen Gruppierungen wie der RAF als Begründung für den gewaltsamen Kampf gegen die bestehenden Verhältnisse gedient.

Die Unschärfe und die problematische Verwendung des Begriffspaars „strukturelle Gewalt" ist viel diskutiert und kritisiert worden. Dessen ungeachtet verweisen heute unter anderen Globalisierungskritiker gern auf strukturelle Gewalt, die es zu zu überwinden gilt. Auch kirchliche Gruppen, die sich für Gerechtigkeit engagieren. Sie beklagen und bekämpfen die ungerechte Verteilung von Ressourcen, ungerechte Gesellschaftsordnungen, ungerechte Gesetze, unter denen viele Menschen leiden. Viele zeigen dabei einen lobens- und bewundernswerten Einsatz. Das Problem ist nur: Möglicherweise unterschätzen sie dabei die Bosheit als tatsächlich existierendes Problem, möglicherweise blenden sie dabei aus, dass Menschen sich mitunter grundlos und unerklärlicherweise böse verhalten und bösartig handeln können.

Viele ungerechte Strukturen sind vielleicht wirklich nur das Ergebnis von Achtlosigkeit und Gedankenlosigkeit, und da kann man dann mit gutem Willen etwas ändern. Anderswo sind aber womöglich böse Menschen am Werk. Von Hass gesteuert, von Habgier besessen, von Neid zerfressen, vor Hochmut blind. In dem Augenblick, wo ich es mit einem solchen Menschen zu tun bekomme, fällt es mir schwer, alles nur auf die Strukturen zu schieben.

Vielleicht wird ja auch umgekehrt ein Schuh daraus. Viele Strukturen sind vielleicht gar nicht von vornherein gut oder böse. So kann zum Beispiel eine effektive Verwaltung ein Segen sein und den Menschen das Leben erleichtern, aber eine ursprünglich gut gedachte und angelegte Verwaltung kann auch zu einem herzlosen bürokratischen Monster mutieren, das Menschen gängelt und klein macht – dafür braucht es noch nicht einmal bösen Willen, dafür reichen mitunter schon ein paar desinteressierte Verwaltungsangestellte – oder ein paar Paragraphenreiter, die ansonsten eigentlich ganz nett sind, nur eben nicht aus ihrer Haut können und ihre Arbeit überernst nehmen. Erst recht können Strukturen unerträglich werden, wenn sie von böswilligen Menschen zum eigenen Nutzen oder auch bewusst zum Schaden anderer manipuliert, ausgenutzt oder missbraucht werden.

Die Banalität des Bösen

Die Philosophin Hannah Arendt hat in ihrem Buch über den Kriegsverbrecher-Prozess gegen Adolf Eichmann die Redeweise von der „Banalität des Bösen" geprägt. Sie hat damit eindringlich darauf hingewiesen, dass das Böse im Kleinen anfängt. Es muss nicht spektakulär sein, muss anfangs nicht monströs aussehen. Der Massenmord der Nationalsozialisten an Millionen Menschen ging auf Zigtausende scheinbar harmlose Verwaltungsvorgänge zurück. Im Fall des SS-Obersturmbannführers Adolf Eichmann auf die Lösung logistischer Probleme: Wie viele Eisenbahnwaggons braucht man für die Deportation von rund 400.000 Menschen aus Ungarn in die Vernichtungslager? Wo bekommt man diese Waggons her? Was muss außerdem noch bereit gestellt, was muss alles bedacht werden? – Den Eichmann-Prozess hat Hannah Arendt als „ein langatmiges Lehrstück über menschliche Bosheit" bezeichnet, und diese Bosheit ist gerade deshalb so furchterregend und verschlägt einem gerade deshalb die Sprache, weil das Böse hier so banal, so alltäglich, so unscheinbar daherkommt.[8]

Was die Philosophin vollends verblüfft hat, war „das völlige Fehlen von Heuchelei bei jener sehr erheblichen Zahl von Personen, die an dem Ausrottungsprogramm beteiligt waren."[9] Denn anders als im Sowjetreich unter der ähnlich mörderischen Terrorherrschaft Stalins, wo die Bosheit des Regimes durch ein System von Lügen und Täuschungen maskiert wurde, bekannten sich die Nationalsozialisten ganz offen zu ihren menschenverachtenden Zielen, führten über ihre Verbrechen in allen Einzelheiten Buch. Verblüffend war für Hannah Arendt auch das Versagen all der Warnsysteme, die bei anständigen Menschen eigentlich anschlagen sollten, wenn etwas Ungeheuerliches vor sich geht. Das haben die Moralphilosophen von Sokrates bis Immanuel Kant eigentlich für unmöglich gehalten. Aber in den 30er und 40er Jahren des 20. Jahrhundert haben nicht Einzelne, sondern ganze Heerscharen von Menschen nicht nur von den extremen Rändern, sondern auch aus der Mitte der Gesellschaft in unsägliche Maßnahmen eingewilligt, haben sogar noch „Heil!" dazu gebrüllt.

Dass das Böse so harmlos, so klein angefangen hat, dass es in so feine Scheiben zerlegt und in derart belanglose Einzelheiten aufgelöst werden kann, entschuldigt nichts und sollte uns nicht etwa beruhigen, sondern muss uns alarmieren. Denn es hat nicht nur in diesem einen historischen Fall monströse Dimensionen angenommen. Hannah Arendt: „Das wirklich Böse ist das, was bei uns spachloses Entsetzen verursacht, wenn wir nichts anderes mehr sagen können als: Dies hätte nie geschehen dürfen."[10] Und das heißt: Es gilt, schon den unscheinbaren Anfängen zu wehren.

Die Faszination des Bösen

Das Böse hat eine eigenartige Anziehungskraft. Wir alle kennen den wohligen Schauder bei der Lektüre von Kriminalromanen. Je grausiger das Verbrechen, je verwerflicher die Schandtaten, umso größer ist zumeist die Faszination. Davon lebt zum Beispiel die Klatschpresse, davon leben Fernsehdokumentationen. Die seit den 1990er Jahren schier allgegenwärtigen Pathologie-Fernsehserien von *Quincy* bis *CSI* setzen noch eines drauf und paaren die Faszination des Bösen mit der Faszination des Todes.

Hollywood hat es sogar geschafft, eine Art **Ästhetik des Bösen** zu entwickeln. Man denke an die Verfilmungen der Romane von Thomas Harris über den Massenmörder und Kannibalen Hannibal Lecter, aber auch an TV-Serien wie *Akte X*. Bemerkenswert, wie wirkungsvoll man das abgrundtief Böse in Szene setzen kann. Erschreckend, welchen Nervenkitzel das bei ganz normalen, ansonsten friedlichen Menschen auslöst, und davon kann ich mich selbst auch nicht freisprechen.

Bezeichnenderweise müssen die Filmemacher die größten Grausamkeiten gar nicht wirklich abbilden – die Andeutung reicht schon, die Zuschauer ergänzen das Bild im Kopf. Das ist keine völlig neue Entwicklung, darauf hat sich schon Altmeister Alfred Hitchcock in den 1950er Jahren verstanden.

Das Böse fasziniert, und auch **die Bösen** können faszinieren. Thrillerautoren und Regisseure schaffen es immer wieder, legen es oft auch erkennbar darauf an, einzelne böse Protagonisten sympathischer zu zeichnen als z.B. die Vertreter der Staatsmacht, etwa der Polizei. Und in der Wirklichkeit? Böse Menschen, zumal wenn sie auch noch reich oder einflussreich sind, schaffen es oft, sich mit einem ganzen Hofstaat von Verehrern und Gefolgsleuten zu umgeben. Selbst in den Haftanstalten dieser Welt gibt es oft unumstrittene Autoritäten unter den Insassen. Leute, die sich nicht mit Gewalt Respekt verschaffen müssen. Oder Leute, die so bösartig sind, dass es auch unter hartgesottenen Mithäftlingen noch Bewunderung erregt – bei aller vorsichtigen Distanz.

Leichter zu erklären und zu verstehen ist die Faszination, die einzelne Verbrecher auf andere Menschen ausüben. Der Göttinger Neurologe und Psychiater Borwin Bandelow hat in seinem Buch „Wer hat Angst vorm bösen Mann?" dargelegt, wie hochintelligente Kriminelle es schaffen, andere für sich einzunehmen. Manchen gelingt das sogar bei ihren Opfern. Bis dahin, dass sich die Opfer mit den Tätern gegen die Polizei solidarisieren können.

Der Heidelberger Psychiater und Philosoph Thomas Fuchs hat in einem Artikel über „Das Böse aus psychiatrischer Sicht" geschrieben: „Das Böse ist das Rätselhafte, Verstörende und zugleich das Unheimlich-Faszinierende. Vom Psychologen und Psychiater erwartet man Antworten auf die beunruhigenden Fragen, wie das Böse möglich ist, wie ein Mensch in seinen Bann gerät und – wenn auch verborgener – was das Böse mit uns selbst zu tun hat, in der bangen Hoffnung, dass es sich dabei doch als das 'ganz Andere' erweist."[11]

Es könnte also sein, dass die Faszination des Bösen ein dezenter Hinweis auf unsere eigene unselige Veranlagung ist. Dass das Böse gewissermaßen einen tiefen Ton in uns zum Schwingen bringt, irgendwie vertraut und zu uns gehörig, zugleich aber auch un-gehörig und verboten und gerade deshalb reizvoll.

Lust am Laster

Viele Menschen sind in dem Sinn vom Bösen fasziniert, dass sie aus sicherer Entfernung zuschauen. Im Unterschied dazu gibt es aber auch die Lust am Laster, und da geht es nicht mehr nur ums Beobachten, sondern darum, dass man selbst Böses *tut*. Dass man zum Beispiel Menschen demütigt. Vertraute betrügt. Gegen andere intrigiert, über sie lästert oder falsche Gerüchte in Umlauf bringt. Das kann bis hin zur Lust an der rohen Gewalt reichen. Letztere muss man aber auch erst entwickeln, und da muss man zunächst einige Hemmungen und innere Schranken niederreißen, muss selbst Gewalt erlitten oder sich selbst Gewalt angetan haben – zum Beispiel in Form von enthemmenden Drogen.

Es gibt aber auch die kontrollierte, eiskalte, rationale Bosheit. Viele Folterer und Schlächter des 20. Jahrhunderts haben ihre Lust aus der Perfektion bezogen, mit der sie andere Menschen gequält und zu Tode gebracht haben. SS-Offiziere in den Vernichtungslagern Osteuropas oder politische Kommissare der Roten Khmer in Kambodscha – sie haben es in Sachen Bosheit zu perversen Höchstleistungen gebracht. Es sollte ihnen keiner nachsagen können, sie hätten es nicht ordentlich gemacht. Und viele sogenannte Gotteskrieger des selbsterklärten „Islamischen Staates" haben sich gefallen in der perfekten medialen Inszenierung ihrer barbarischen Taten, etwa der Enthauptung Gefangener quasi online im World Wide Web. Das waren nicht nur Mittel zu einem wie auch immer gearteten höheren Zweck.

Dabei waren sich die Moralphilosophen dieser Welt seit Sokrates zumindest in diesem einen Punkt einig, „dass es für den Menschen unmöglich ist, vorsätzlich schlechte Dinge zu tun, das Böse um das Bösen willen zu wollen."[12] Freilich hat das 20. Jahrhundert (und auch schon das beginnende neue Jahrtausend) zahllose Beweise des Gegenteils geliefert.

Erschreckend viele Menschen **tun vorsätzlich** schlechte Dinge und wollen das Böse um des Bösen willen. Hannah Ahrendt hat 1966 in ihren Vorlesungen zu Fragen der Ethik darauf hingewiesen, dass der Sadismus in den historischen Aufzählungen der menschlichen Laster auffällig fehlt. Dass Menschen Vergnügen daran haben könnten, anderen Schmerz und Leid zuzufügen, das war auch in Kunst und Literatur lange Zeit ein Tabu, wurde nicht thematisiert. Damit ist es vorbei, denn die Wirklichkeit ist in mancher Hinsicht schlimmer, als wir es wahrhaben wollen.

Nicht immer, aber oft sind sadistische Menschen selbst Opfer von erlittener Bosheit gewesen. Darauf weist Thomas Fuchs hin: „Das Böse hat in der Regel eine lange, oft über Generationen zurückreichende Vorgeschichte. Emotionale Kälte, Versagungen, Demütigungen und familiäre Gewalt, die chronisch auf ein von Natur aus sensibles Kind einwirken, können seine Anlagen zum Guten verkrüppeln und in Destruktivität verkehren. Mitunter entwickeln sich die psychischen Voraussetzungen zum Bösen jedoch auch schleichend, ohne greifbare äußere Traumatisierung, aus einem allmählichen Rückzug aus der gemeinsamen Welt und einer zunehmenden Verzweiflung am eigenen Selbstwert heraus."[13] Das erklärt manches, aber es entschuldigt nichts.

Das kollektive Böse

Das gehört zu den bedrückendsten Phänomenen des Menschseins: In einer Gruppe können an und für sich friedliche, vernünftige Menschen unversehens bösartig werden und stacheln sich dann gegenseitig an zu unsagbar bösen Taten. Dass es so etwas gibt, ist kein Geheimnis. Die Pogrome der eigentlich fromm motivierten Kreuzfahrer an den jüdischen Gemeinden im Rheinland im Frühjahr des Jahres 1096 kann man als Ausbrüche kollektiver Bosheit deuten. Und der englische Schriftsteller William Golding hat das Phänomen 1954 in seiner Erzählung „Herr der Fliegen" behandelt. Dort sind es Kinder, die in einer – zugegeben extremen – Gruppensituation auf einmal Abgründe von Bosheit offenbaren.

Erstmals gründlich untersucht wurde das Phänomen nach dem Massaker von My Lai im Vietnam-Krieg im März des Jahres 1968, dem 504 Zivilisten – Männer, Frauen und Kinder – zum Opfer fielen. Der Vorfall sollte anfangs vertuscht werden, aber als mit gut einem Jahr Abstand US-amerikanische Zeitungen und Magazine darüber berichteten, war eine ganze Nation entsetzt und verunsichert und rätselte: Wie konnte es passieren, dass brave College-Boys mit ganz bürgerlichen Träumen plötzlich zu blutrünstigen Schlächtern wurden?

My Lai war nicht der erste und leider auch nicht der letzte Fall von kollektiver Bosheit. Denken Sie an den Krieg in Bosnien Anfang bis Mitte der 1990er Jahre oder an den Völkermord in Ruanda im Jahr 1994. Da könnte man, da muss man schon auch fragen: Was bringt Menschen dazu, dass sie von heute auf morgen ihre Nachbarn und Arbeitskollegen und Duzfreunde wie im Rausch niedermetzeln?

Die Gelehrten wissen mittlerweile gut Bescheid über die Mechanismen, wie sich das Böse in einer Gruppe von Menschen potenziert. Es ist auch bekannt, was

Ausbrüche kollektiver Bosheit begünstigt. So haben die Untersuchungen des Massakers von My Lai ergeben, „dass auf allen Ebenen grobe geistige Trägheit und pathologischer Narzissmus am Werk waren."[14] Aber der böse Impuls, der das Unheil erst auslöst – der ist nach wie vor rätselhaft und entzieht sich jeder vernünftigen Erklärung, jeder befriedigenden Deutung. Die Frage nach dem Wesen des Bösen bleibt rätselhaft, wenn man sie rein wissenschaftlich angeht.

"Der Sündenfall", Albrecht Dürer 1504

Wir haben soeben einige Begriffe und Redeweisen erörtert, mit denen sich die Menschen unserer Tage dem Phänomen des Bösen nähern. In aller Vorsicht. Vielleicht ist Ihnen aufgefallen: Damit wird das Phänomen eigentlich nur eingekreist, aber nicht endgültig erklärt.

Was macht das Böse aus? Was ist das Wesen des Bösen? Einfache Antworten, gar Patentrezepte zum Umgang mit dem Bösen gibt es nicht. Aber es gibt sehr wohl Leitplanken und Dinge, die man dem Bösen entgegen setzen kann. Mit dem Bösen ist es ein wenig wie mit Sonnenstrahlen: Die sind auch schwer zu packen. Die kann man auch nicht auf Flaschen ziehen oder auf einem Objektträger unters Mikroskop legen. Ihre Wirkung kann man spüren, aber hat man damit das Wesen von Sonnenstrahlen schon begriffen? Eine ähnliche Schwierigkeit stellt sich auch beim Phänomen des Bösen.

Biologen wie Konrad Lorenz haben das Böse wegzuerklären versucht, haben es auf die tierische Trieb- und Instinktebene herunter geholt. Philosophen wie Jean-Jacques Rosseau, Soziologen und Pädagogen haben es als Ergebnis widriger Umstände gedeutet. Das lieferte ihnen eine praktische Ausrede – so konnten sie sich eher mit diesen ach so verhängnisvollen Umständen beschäftigen als mit der Bosheit an und für sich.

Nur ganz wenige Wissenschaftler haben bisher versucht, sich direkt mit dem Phänomen des Bösen zu befassen. Zu diesen Wenigen gehört der amerikanische Psychiater Morgan Scott Peck. Dem Mann fiel in seiner Praxis auf: Ausgerechnet die Psychologie kann mit dem Phänomen des Bösen eigentlich nichts anfangen. Ausgerechnet die Psychologie hat die allergrößte Mühe, mit der Tatsache des Bösen in der notwendigen begrifflichen Schärfe und Eindeutigkeit umzugehen. Da wird dann ersatzweise pauschal von „Störung" gesprochen, sprich: es wird um den heißen Brei herum geredet.

Scott Peck wollte es anders machen. Er hat sich an einer regelrechten wissenschaftlichen Psychologie des Bösen versucht, hat zumindest skizziert, welchen Fragen sich eine solche Psychologie des Bösen stellen müsste, wohl wissend, dass ein solches Unterfangen gefährlich sein kann. Gefährlich, denn es kann ausgesprochen folgenreich sein, wenn man einer Sache oder erst recht einem Menschen das Attribut „böse" verleiht. Wer will, wer kann das verantworten? Aber Scott Peck stellt sich auf den Standpunkt: „So gefährlich eine Psychologie des Bösen auch sein mag – noch gefährlicher wäre es, keine zu haben." In seinem Buch „Die Lügner – eine Psychologie des Bösen" benennt er eine Reihe von Merkmalen des Bösen, und die hat er sich nicht aus den Fingern gesogen, sondern in seiner psychiatrischen Praxis an Menschen mit auffällig bösartigem Verhalten beobachtet:

- Das Böse ist borniert, unbelehrbar, engstirnig.
- Das Böse ist einfallslos. Es hat nur eine begrenzte Palette von Zielen: Es ist darauf aus, zu zerstören und zu schädigen. Aber darin ist es sehr erfinderisch.
- Das Böse ist narzisstisch, ist auf sich bezogen, von sich eingenommen. Das ist die offene Flanke des Bösen, das macht es aber auch so gefährlich: Das Böse kennt in seiner Selbstbezogenheit keinerlei Hemmungen.
- Das Böse betreibt perfektes Mimikry. Es kann sich zum Beispiel als Fürsorge tarnen oder als guter Wille.
- Der blinde Fleck des Bösen ist Liebe.

Scott Peck hat tiefe Einsamkeit und Selbsthass hinter der Bosheit einiger seiner Klienten entdeckt, bedauernswerte, in sich selbst zurückgekrümmte, deformierte

Persönlichkeiten. Als Arzt liegt es für ihn natürlich nahe, das Böse als eine Art Krankheit zu betrachten. Eine heimtückische, zerstörerische Krankheit. Theologisch gesprochen eine „Krankheit zum Tode". Mit den Begrifflichkeiten des Mediziners und Psychiaters konnte Scott Peck das Boshafte und Bösartige auch deutlich abgrenzen von klinischen Psychosen und anderen Geisteskrankheiten. Das ist ein ganz wichtiger Beitrag zu einer sachlichen Auseinandersetzung mit dem Phänomen. Denn das eine darf nicht passieren: Dass organisch oder psychisch kranken Menschen leichthin das Etikett „böse" angeklebt wird.

Auch umgekehrt wird ein Schuh daraus. Wo sich eindeutig Bosheit diagnostizieren lässt, da ist man nicht mehr versucht, das Böse mit falschen, verharmlosenden Etiketten zu versehen. Denn auch wenn Bosheit den Geist eines Menschen offensichtlich deformieren kann, kann man diesen Menschen deshalb noch lange nicht mit Medikamenten und klassischen Therapieformen davon heilen. Ein Merkmal des Bösen ist seine Verlogenheit, und böse Menschen gestehen sich selbst gegenüber zu allerletzt ein, dass sie mit ihrer Bosheit ein Problem haben. Oft ist ihnen ja noch nicht einmal bewusst, dass sie böse sind. Sie sind die ersten Opfer ihrer eigenen Bosheit.

Die Denker und Gelehrten der Gegenwart haben ihre liebe Mühe mit dem Verständnis des Bösen. Oft wissen sie auch gar nicht, wo sie es denn nun einsortieren sollen. Das hängt oft mit dem Menschenbild zusammen, das ihrem Denken zu Grunde liegt. Gerade in der modernen westlichen Welt hat sich in den vergangenen zwei Jahrhunderten die Vorstellung durchgesetzt, dass der Mensch bei seiner Geburt ein unbeschriebenes Blatt ist. Von Natur aus gut. Und das Böse ist ein Produkt der Umwelt oder der Umstände, unter denen ein Mensch aufwächst. Wenn das so wäre, dann wäre ja alles ganz einfach: Dann müsste man nur allen Menschen gleich gute Startbedingungen verschaffen, müsste für ein solides Elternhaus, eine gute Bildung und ein friedliches Umfeld sorgen, und schon wäre die Bosheit ausgerottet.

Aber so einfach ist es leider nicht. Die größten Menschenschinder der Neuzeit kamen zu einem guten Teil aus behüteten, gutbürgerlichen Verhältnissen, waren oft bestens gebildet. Reinhard Heydrich zum Beispiel, Polizeigeneral, SS-Obergruppenführer, Leiter des „Reichssicherheitshauptamtes", damit Gestapo-Chef und Herr über die Folterkeller des NS-Regimes, Organisator der Wannsee-Konferenz, deren einziges Thema die Vernichtung des europäischen Judentums war: Der Mann war ein liebevoller Familienvater, angenehmer Nachbar und Musikfreund (er spielte Geige – machte Hausmusik zusammen mit Erika Canaris, der Frau des Abwehrchefs Wilhelm Canaris). Böse Menschen haben keine Lieder? Ein fataler Irrtum.

Der amerikanische Kognitionswissenschaftler Steven Pinker hat die populäre Irrlehre vom Unbeschriebenen Blatt in einem 2002 veröffentlichten Buch demontiert. Er hat nachgewiesen, dass sich die Menschen seit Urzeiten durch Gewalttätigkeit auszeichnen. Und wundert sich darüber, dass hohe Gremien der Vereinten Nationen kategorisch behaupten, Gewalt und Boshaftigkeit sei „erlerntes Verhalten." In Pinkers Augen ist das ein Mantra, das auch durch x-faches Wiederholen nicht richtiger wird. Vielmehr gehört die Fähigkeit zur Bosheit zur menschlichen Grundausstattung.

Als gewalttätigstes Lebensalter hat Pinker ausgerechnet die Kleinkindphase ausgemacht.[15] Seit einem halben Jahrhundert versucht man herauszufinden, wie Kinder aggressiv werden – nach Steven Pinkers Ansicht ist das ein falscher Ansatz. Die Frage muss vielmehr lauten: Wie werden Kinder normalerweise friedlich? Das ist das größere Wunder. Denn die Fähigkeit zum

Bösen muss man Kindern nicht erst anerziehen, nicht erst künstlich einimpfen. Die kommt von ganz allein.

An dieser Stelle, aber auch nur an dieser, liegt Steven Pinker mit Jesus auf einer Linie. Denn auch Jesus war nicht so optimistisch wie die meisten Denker der Moderne. „Aus dem Herzen kommen böse Gedanken", hat Jesus festgestellt, und als Beispiel für die Qualität dieser Gedanken hat er aufgezählt: Mord, Ehebruch, Unzucht, Diebstahl, Lüge, Lästerung (Matth. 15,19). Das christliche Menschenbild fußt auf dem jüdischen Menschenbild und ist von der Lehre und vom Leben Jesu inspiriert und geprägt. Deshalb ist es an dieser Stelle sehr viel realistischer als die idealisierte Vorstellung der meisten Zeitgenossen.

Christen sind sich darüber im Klaren, dass das Böse in jedem Menschen steckt. Auch in ihnen selbst. Der Apostel Paulus hat sich vor knapp 2000 Jahren Gedanken gemacht über die angeborene Neigung des Menschen zum Bösen, und er hat das Problem im Römerbrief treffend beschrieben: „Das Gute, das ich will, das tue ich nicht, sondern das Böse, das ich nicht will, das tue ich" (Röm. 7,19).

Nach christlicher Auffassung ist es kein Ergebnis blinder Selektion, dass wir zum Bösen fähig sind. Das wäre ja schön. Damit wären wir aus dem Schneider. „Es sind die Gene" - schön, wenn man eine solche Ausrede hat. Aber die verfängt leider nicht. Der jüdische und der christliche Glaube lehrt: Die ersten Menschen hatten die Wahl, sie hätten der Versuchung nicht nachgeben müssen, sie hätten sich nicht gegen Gott auflehnen müssen - aber sie haben es getan. Und auf eine verhängnisvolle Weise hat jeder seitdem geborene Mensch in dieselbe Kerbe gehauen. Die unselige Neigung zum Bösen steckt in jeder und jedem von uns.

Wenn das die ganze Wahrheit wäre, wäre das ausgesprochen deprimierend. Aber es ist erst die halbe

Wahrheit. Denn es muss sich niemand mit dieser Neigung einfach abfinden. Sie ist kein unabänderliches Schicksal. Auch der Apostel Paulus war ausgesprochen optimistisch, dass das Böse überwunden werden kann – auch und gerade das Böse im Leben des einzelnen Gläubigen. Gegen die genetische Disposition eines Menschen ist zwar kein Kraut gewachsen. Sie ist im Prinzip unumkehrbar. Aber der zwanghafte Dieb, der Mensch mit ererbter schizoider Persönlichkeit, der potentielle Totschläger - er muss deshalb noch lange nicht Opfer seiner Gene werden. Christen glauben: Gott kann auch aus dem brisantesten Persönlichkeitscocktail einen lebenstüchtigen, auf seine Art liebenswerten Menschen machen. Und auch ein verbogener und vermurkster Lebenslauf ist noch kein Grund zum Verzweifeln.

Christen kapitulieren also nicht vor dem Bösen, und zu ihrer Botschaft an die Mitmenschen gehört die gute Nachricht: Wir finden uns nicht ab mit der Bosheit auf der Welt. Wir finden uns nicht ab mit der Neigung und Fähigkeit zum Bösen in uns selbst. Wenn Christen das überzeugend vortragen und vorleben, dann ist das wirklich Evangelium für die Menschheit. Eine gute Nachricht, die aufhorchen lässt und andere Menschen neugierig macht. Denn sehr viele Menschen leiden an ihrer Neigung und Fähigkeit zum Bösen.

Viele Menschen hassen sich dafür, dass ihnen so schlimme Gedanken kommen, dass sie ihre Augen und ihre Finger und ihr loses Mundwerk nicht kontrollieren können. Viele kommen überhaupt nicht damit klar und wären heilfroh, wenn ihnen jemand einen Weg weist, wie sie das überwinden können. Wie sie die argen Gedanken in ihrem Herzen niederhalten können oder wie sie es verhindern können, dass sie selbst Böses tun - bei allem vielleicht berechtigten Zorn über ungerechte Behandlung durch andere. - Zum Glück hat der Apostel Paulus im Römerbrief nicht nur die Diagnose gestellt, sondern er hat ein paar Seiten weiter auch die Therapie beschrieben: „Lass dich nicht vom Bösen überwinden, sondern überwinde das Böse mit Gutem" (Röm. 12,21). Das konnte er nur schreiben, weil er selbst erlebt hatte: Für das Böse, das ich getan habe, gibt es Vergebung. Der *Schaden*, für den muss ich vielleicht gerade stehen. Aber das größere Problem, die *Schuld* und die Schuldgefühle, die schafft Gott aus der Welt. Von Schuld befreit, von Gottes Geist angetrieben kann ich anders leben. Kann Gutes tun. Kann dem Bösen die Stirn bieten. Kann ihm das Gute entgegensetzen und es letztlich überwinden.

Der englische Kirchenreformer und Gründer des Methodismus John Wesley (1703-1791) hat daraus als zweigeteilten Ratschlag für Christen abgeleitet:

1. Nichts Böses tun. 2. Gutes tun.

Es reicht nicht, dass man vom Bösen abrückt. Mit Nichtstun kann man das Böse nicht überwinden. Bewusst Gutes tun. Oder, um mit Scott Peck zu sprechen: Lieben. Liebe ist der blinde Fleck des Bösen. So einfallsreich das Böse sein mag – gegen Liebe ist kein Kraut gewachsen. Gegen Liebe fällt dem Bösen keine Strategie ein. Liebe geht dem Bösen über die Hutschnur. Und was ist Lieben anderes als Gutes denken über einen Menschen, ihm alles erdenkliche Gute wünschen und ihm auch tatsächlich Gutes tun.

"Die sieben Todsünden", Hans Baldung Grien 1511

Was ist denn nun das Böse?

Ich habe Ihnen nun schon eine Menge über das Phänomen des Bösen erzählt. Aber Sie könnten mich immer noch festnageln mit der Frage: Was ist denn nun das Böse? Das Wie und die Umstände, unter denen es in Erscheinung tritt, sind eine Sache. Aber das Was, das ist für Erklärungshungrige immer noch nicht hinreichend beantwortet. Ob Sie mit den Antworten, die ich Ihnen bieten kann, einverstanden und zufrieden sein werden? Das Problem ist: Es gibt eine ganze Reihe konkurrierender Erklärungen. Einige können zumindest in gewisser Hinsicht hilfreich sein; manche sind aber von vornherein Unfug. Zum Beispiel diese:

Das Böse ist eine Illusion

Für die Anhänger der hauptsächlich in den USA beheimateten *Christian Science*-Bewegung ist das Böse letztlich nur eine Einbildung. Das Böse gibt es gar nicht wirklich. Nur scheinbar. Das Böse ist demnach ein gigantischer Kulissenzauber, der sich irgendwann von selbst verflüchtigen wird.

Wenn es doch nur so einfach wäre. Die Opfer böser Taten, wenn Sie die fragen, die werden Ihnen etwas anderes erzählen. Denen hat das Böse wirklich geschadet. Die bilden sich ihre Verletzungen und ihre Verluste nicht nur ein.

Andere Erklärungen für das Böse klingen interessant, werfen aber neue Probleme auf, so wie diese hier:

Das Böse ist die Kehrseite des Guten

Das klingt so, als ob es das Böse geben *müsste*. Nach dem Motto: Wo Licht ist, ist zwangsläufig auch Schatten. Damit läge der Schwarze Peter letztlich bei Gott. Gott ist der Inbegriff des Reinen, Guten, Lichten. Gott hätte also durch seine schiere Existenz das Böse mit erzeugt, und wenn es Gott und das Gute nicht gäbe, dann gäbe es auch das Böse nicht, und alles wäre in Butter, und wir wären ohne Gott besser dran. Aus christlicher Sicht wäre dagegen einzuwenden: Aber es gibt doch das reine Licht ohne Schatten. Das reine Weiß ohne jeden Grauschleier. Das Gute ohne Kleingedrucktes und Hintergedanken, die Güte in Person. Gott ist dieses Licht und diese Güte, und in Jesus Christus hat sie sogar ein Gesicht bekommen.

Noch eine problematische, trotzdem immer wieder gern bemühte Erklärung:

Das Böse ist der teuflische Gegenpol

Das ist der Ansatz der Gnostiker. Die gab es auch schon zur Zeit der ersten Christen. Gnostische Denkmuster finden sich freilich bis heute. Gnostiker sehen das Weltgeschehen als gigantischen Ringkampf, als Kräftemessen zwischen einer guten, göttlichen Macht – und einer Art Anti-Gott. Zwischen Gott und seinem Gegenspieler herrscht fast Kräftegleichgewicht, der Ausgang ist (fast) offen; alles läuft auf einen gewaltigen Showdown zu, auf eine galaktische Schlacht, bei der viele Menschen auf der Strecke bleiben und Gott nur um Haaresbreite gewinnt.

Das ist von der Dramaturgie her natürlich ideal, deshalb beschwören viele Kinofilme und viele Romane diese Vorstellung. Auch viele christliche Romane. Der Vorteil: Dieser Ansatz garantiert Spannung. Nur ist er leider nicht christlich. Dem Bösen widerfährt hier zu viel Ehre. Außerdem wird hier dem Menschen eine ungeheure Verantwortung aufgebürdet. Wenn es wirklich auf Messer Schneide steht, wenn Gottes Sieg bis zuletzt in Gefahr ist, dann kann letztlich auch das Wenige, was wir Sterblichen tun können, entscheidend sein. Dann läge es letztlich an uns, die Welt vor dem Bösen zu retten. Und das wäre eine gewaltige Überforderung.

Christen bekennen: Das Böse ist bereits auf dem Rückzug. Gott hat die entscheidende Schlacht längst geschlagen. Der Sieg ist bereits errungen. Selbst das, was wir an unsäglich Bösem in der Gegenwart erleben, was unsere Eltern und Großeltern im 20. Jahrhundert miterlebt und –erlitten haben: Selbst das sind keine entscheidenden Schlachten, an denen sich das Schicksal der Welt entscheiden würde. So entsetzlich das Böse in der Gegenwart wütet – aufs Gesamtbild und auf die ganze, große Geschichte bezogen sind es nur Nachhutgefechte. Hölle, Tod und Teufel haben den Krieg bereits verloren. Definitiv.

Damit kommen wir zu zwei christlichen Ansätzen, die vielleicht noch am ehesten weiterhelfen. Nummer eins geht auf den Kirchenvater Augustinus (354-430 n. Chr.) zurück und lässt sich auf die Formel bringen:

Das Böse ist die Abwesenheit des Guten

Alles Gute kommt von oben, alles Gute kommt von Gott, denn Gott ist der Inbegriff des Guten und der Güte. Das Böse ist Augustin zufolge überall da, wo das Gute gerade nicht ist. Wesentlich am Bösen ist seiner Ansicht nach, dass es überhaupt kein Wesen hat – im Unterschied zum Guten und zu Gott.

Das musste der Kirchenvater so vertreten, um sich von den Manichäern abzusetzen – einer gnostischen Bewegung, der er selbst lange genug angehört hatte. Denn die Manichäer gingen von einer Art bösem Gegen-Gott aus. Augustin hat seine Sicht scharfsinnig und schlüssig begründet, musste dafür freilich einen Preis bezahlen: Er war gezwungen, alles unter Generalverdacht zu stellen, was nicht ausdrücklich gut und fromm war. Und dafür, dass das Böse bei Augustin ja eigentlich wesenlos ist, ist es erstaunlich wirkmächtig. Verderblich, zerstörerisch, dem Guten entgegengesetzt und das Gute schädigend. Wer ganz sicher gehen will, dass er auch ja nichts falsch macht, der muss sich demzufolge eigentlich ins Kloster zurückziehen oder einmauern. Abschotten von der Welt. Und selbst hinter Klostermauern lauern Versuchungen, wie wir aus den Lebensberichten vieler heiligmäßiger Einsiedler und Ordensleute wissen.

Hilfreich an Augustins Vorstellung vom Bösen ist auf jeden Fall der Umkehrschluss: Wer sich stets am unzweifelhaft Guten orientiert, der oder die kann eigentlich nicht viel falsch machen. Denn da, wo das Gute ist, hat das Böse nichts verloren. Aber Achtung: Es besteht extreme Verwechslungsgefahr zwischen dem tatsächlichen Guten und dem nur gut Gemeinten!

Gute, ehrenwerte Zielen haben zum Beispiel die Eugeniker im Europa des frühen 20. Jahrhunderts verfolgt. Sie haben sich überlegt: Wie kann die Volksgesundheit verbessert werden? Wie kann man Erbkrankheiten begegnen? Sie haben auch Antworten gefunden, aber die meisten Vorschläge waren menschenverachtender oder rassistischer Natur. In Deutschland und Japan leistete die Eugenik gar einer völlig haltlosen, chauvinistischen Blut- und Boden-Ideologie Vorschub, brachte letztlich zahllosen Menschen den Tod.

Das heißt: Wer Augustins Betrachtungsweise folgen will, muss sich im Prinzip grundsätzlich dazu verpflichten, seine Handlungen und ihre Konsequenzen immer wieder zu überprüfen und bei erkennbaren Fehlentwicklungen sofort die Notbremse zu ziehen. Denn die Geschichte lehrt, dass auch die edelste Absicht in verheerende Folgen münden kann.

Als Ergebnis kann man festhalten: Augustins Sicht ist nicht völlig verkehrt, hat sich ja auch ein ganzes Jahrtausend lang bewährt, aber sie ist auch nur bedingt hilfreich. Das Gute kann sich verflüchtigen. Und gedanklich streng genommen kann jedes Atom Bosheit einen ganzen Ozean des Guten kontaminieren. Alles in allem läuft das auf eine bedrückende Weltsicht hinaus, die eigentlich nur zu ertragen ist durch die Aussicht auf ein besseres Jenseits.

Und nun noch ein weiterer Erklärungsansatz – mein persönlicher Favorit:

Das Böse ist eine Begleiterscheinung des freien Willens

Alles fing bekanntlich im Garten Eden an. Dort lebte der Mensch in enger, vertrauensvoller Gemeinschaft mit Gott. Erlaubt war alles, verboten war nur eines: die Früchte vom Baum der Erkenntnis des Guten und des Bösen. Ein Verbot ergibt nur einen Sinn, wenn man prinzipiell auch dagegen verstoßen kann. Adam und Eva hatten die Wahl, sie konnten sich entscheiden. Und sie haben prompt die falsche, die verhängnisvolle Wahl getroffen.

Der puritanische Dichter John Milton (1608-1674) hat in seinem berühmten Versepos „Paradise Lost" diese Wahlmöglichkeit und die Konsequenzen behandelt. Sinngemäß behauptet Milton: Hätte Gott uns einfältig und willenlos erschaffen, dann hätten wir das Problem des Bösen nicht – aber wir hätten auch sonst nicht viel vom Leben. Wir würden glücklich, zufrieden, arglos und schamlos im Paradies unsere Tage fristen. Wir würden nichts vermissen, hätten keine kühnen Träume, keine brennenden Sehnsüchte.

Aber nun hat uns Gott den freien Willen verliehen. Wir haben ihn genutzt, haben uns entschieden, und auch wenn unsere Wahl verhängnisvoll war, so hatte sie doch auch gute Konsequenzen. In „Paradise Lost" werden Adam und Eva am Ende aus dem Paradies vertrieben.

Der Engel mit dem Flammenschwert versperrt ihnen den Rückweg. Bitterlich weinend machen sie sich auf den Weg ins Ungewisse. Aber auf diesem Weg trocknen die Tränen ziemlich rasch, denn die Welt *jenseits von Eden* ist eine schöne, geheimnisvolle Welt. Und das trotz des göttlichen Bannfluchs, trotz Dornen und Disteln und Plackerei und Mühsal. Und sie werden Gott auch jenseits von Eden erleben, er begegnet ihnen auch dort, ist auch dort ansprechbar. John Milton behauptet: Das ist die Wirklichkeit, in der wir uns vorfinden. Das Böse als Begleiterscheinung des freien Willens. Einer von mehreren christlichen Deutungsversuchen.

Auch dieser Ansatz hat einen Haken. In dieser Deutung duldet Gott das Böse zumindest. Wie gesagt, er hätte sich ja anders entscheiden können. Gott hätte uns dumm und willenlos erschaffen können. Das hat er aber nicht getan. Also wäre Gott letztlich dafür mitverantwortlich, dass es das Böse und die Bosheit gibt. Oder zumindest dafür, dass das Böse in Gottes guter Schöpfung Raum gewinnen konnte. Und dieser Gedanke ist für viele Menschen, auch für viele Christen, unerträglich. Sie wollen Gott heraushalten aus der Sache, wollen ihn rechtfertigen, entschuldigen. Aber damit machen sie Gott kleiner, als er ist. Oder sie müssen, wie bei den Gnostikern, eine Art Gegen-Gott konstruieren. Das hat dann nichts mehr mit Glauben zu tun. Sondern eher mit einer Sportwette: Schafft es der gute Gott, sich am Ende durchzusetzen, oder siegt doch das Böse?

Tatsächlich mutet der jüdische wie der christliche Glaube uns Menschen zu, dass wir uns mit einem Gott auseinandersetzen, der das Böse zumindest duldet und in Grenzen auch gewähren lässt – für viele Menschen in unerträglich weiten Grenzen. Das macht die Tatsache des Bösen in der Welt fraglos zu einem gewaltigen Prüfstein für den Glauben. Gott wirbt um unser Vertrauen, <u>obwohl</u> er die Bösen und das Böse zeitweise gewähren lässt. Gott beansprucht unsere Verehrung auf das bloße Versprechen hin, dass er es am Ende richten wird. Dass er den Skandal des Bösen in dieser Welt beenden wird. Dass er die Bösen zur Rechenschaft ziehen wird und das Böse nicht ungestraft bleibt.

Gott mutet uns den logischen Widerspruch zu, dass er einerseits durch und durch gut ist, Licht ohne Schatten, Reinheit ohne Makel, und dass er trotzdem mit der Tatsache des Bösen leben kann. Dass er es damit aushält. Dass er nicht sofort damit aufräumt. Er verlangt von uns allen Ernstes, dass wir ihm trotz des allgegenwärtigen Bösen vertrauen. Anders wäre es ja vielleicht auch zu einfach. – Angesichts und trotz des Bösen an einen gütigen und allmächtigen Gott glauben, ihm mehr vertrauen als dem Augenschein – das ist die Herausforderung. Und die ist durch den Holocaust und andere Menschheitsverbrechen der jüngeren Vergangenheit und der Gegenwart nicht kleiner, sondern größer geworden. Aber mit der Herausforderung kann auch der Glaube wachsen.

Die Deutung des Bösen als Begleiterscheinung des freien Willens liefert außerdem noch einen wichtigen Hinweis, wie man dem Bösen begegnen kann: Ich muss bösen Regungen nicht nachgeben, muss bösen Gedanken nicht Raum geben oder zulassen, dass sie Macht über mich gewinnen, und seien sie noch so verführerisch. Psychische Gesundheit immer vorausgesetzt. Es gibt psychische Störungen, die Menschen zu Gefangenen ihrer Gedankenwelt machen oder böse Regungen verstärken, ohne dass die Betroffenen das steuern könnten. Aber als geistig gesunder Mensch bin ich frei, nein zu sagen und die Versuchung abzuweisen. Ich kann zweifelhaften und offensichtlich garstigen Gedanken Einhalt gebieten, muss nicht wehrlos zusehen, wie sie in mir Raum gewinnen.

Eines der ungeklärten Welträtsel

Wie kam das Böse eigentlich in die Welt? Das ist bis in die Gegenwart ein ungeklärtes, vielleicht auch prinzipiell unlösbares Rätsel. Auch die Bibel liefert letztlich keine Erklärung dafür. Wir erfahren zwar vom ersten Auftritt des Bösen in der Welt. Sie wissen schon – Garten Eden, die Schlange, die Frucht vom Baum der Erkenntnis. Aber nun fragen Sie mich bitte nicht, wie die Schlange auf die Idee kam, die ersten Menschen zu verführen. Denn Schlangen gehören ja auch zu Gottes guter Schöpfung. Oder wenn es gar nicht die Idee der Schlange selbst war, ob, und wenn ja, wer oder was da in die Schlange gefahren ist, und wo dieser oder dieses Böse her kam.

Bibelfeste Leute verweisen an dieser Stelle gern auf die Sache mit dem gestürzten Erzengel und auf das Buch des Propheten Hesekiel Kapitel 28. Aber bei genauerem Hinsehen stellt sich heraus: Damit wird die Frage nach dem Woher des Bösen nur ein Stückchen weiter verschoben. Beantwortet wird sie nicht. Denn auch ein Erzengel kann nicht so mir nichts, dir nichts aus der Rolle fallen und böse werden. Wenn doch, dann hätte Gott nicht aufgepasst oder dann wären Erzengel und Schlangen eine Fehlkonstruktion, und dann wäre das Gütesiegel Gottes für seine Schöpfung Etikettenschwindel. Und dann hätten wir am Ende Gott demontiert und wären immer noch nicht schlauer, was die Frage nach dem Ursprung des Bösen angeht.

Viele Menschen haben sich an dieser Frage abgearbeitet – ergebnislos. Viele Gelehrte, selbst viele Theologen, sind an dieser Stelle aus der Kurve geflogen, sind dermaßen verunsichert worden, dass es sie geistig blockiert und geistlich gelähmt hat.

Woher kommt das Böse? Eine Frage derselben Qualität hat ein naseweiser Student einmal Martin Luther gestellt, nämlich: „Was tat Gott vor Anbeginn der Welt?" Luthers schlagfertige Antwort war: „Er schnitzte Ruten für neugierige Frager wie dich!" – Es gilt an dieser Stelle zu entdecken: Weder der jüdische noch der christliche Glaube hat den Anspruch, alle Welträtsel erschöpfend zu behandeln und aufzuklären. Auch die Bibel erhebt nicht diesen Anspruch. Die Bibel macht nur magere Andeutungen über den Ursprung des Bösen. Aber dafür erzählt sie ausführlich von den Maßnahmen, die Gott ergriffen hat, um das Unheil zu begrenzen und um die Wende zum Guten einzuleiten. Außerdem gewährt uns die Bibel einen Ausblick auf eine zukünftige Welt, in der das Böse keinen Platz mehr hat. Und auch *der* Böse nicht, das Böse in Person, der Leibhaftige. Mit dem müssen wir uns ja auch noch beschäftigen.

"Ritter, Tod und Teufel", Albrecht Dürer 1513

Ein personhaftes Böses – wozu?

Dass es das Böse gibt, steht außer Zweifel. Aber jetzt geht es einen Schritt weiter, und da stellt sich schon die Frage: Ist er überhaupt nötig, dieser Schritt? Können wir nicht hier stehen bleiben? Reicht es nicht, wenn wir das Böse als ein unpersönliches, gleichwohl reales Phänomen und Problem betrachten? So etwas wie die Atemluft um uns herum. Die ist ja auch sehr real, aber niemand würde behaupten, dass wir deshalb eine Atemluft in Person bräuchten.

Wozu also brauchen wir das Böse in Person? Einen Leibhaftigen, einen Teufel? Ist es notwendig, dass es einen Teufel gibt? Meine Antwort darauf lautet: Der Teufel ist so überflüssig wie ein Kropf. Wenn ich es mir aussuchen könnte, dann würde ich sagen: Nein, nein und nochmals nein. Den Teufel können wir uns sparen. Den brauchen wir nicht auch noch. Das Problem habe ich allerdings schon angedeutet mit dem Vergleich „überflüssig wie ein Kropf".

Kein Mensch braucht einen Kropf, jene Schilddrüsenfehlfunktion mit dem hässlichen, unansehnlichen Ergebnis. Ein dicker Hals mit allem drum und dran – nein danke, darauf können wir gut verzichten. Aber leider *gibt* es Kropfleiden. Es *gibt* Jodmangelernährung, und deshalb gibt es Kröpfe. Wir können das Phänomen Kropf nicht wegdiskutieren und nicht durch Augen zukneifen aus der Welt schaffen. Und ich fürchte: Mit dem Teufel (oder Satan oder wie wir ihn auch nennen wollen) ist es nicht anders.

Noch nicht einmal die Theologen würden unbedingt auf die Existenz des Bösen in Person Wert legen – so wichtig ist der Teufel nämlich nicht. Wenn da nicht die einschlägigen Bibelstellen wären, man könnte glatt auf ihn verzichten. Der baptistische Theologe Heinrich Christian Rust schreibt: „Der Teufel ist alles, was Gott nicht ist. In diesem Sinn kann vom Satan nicht als von einer Person geredet werden. (...) Die persönliche Sprache legt eine Vertrautheit mit dem menschlichen Personsein nahe, die dem Ausmaß und Wesen der Mächte der Finsternis nicht gerecht wird. (...) Es wäre angemessener, von einem *Es* als von einem *Er* zu reden. Nichtsdestotrotz gilt es festzuhalten, dass die Bibel offensichtlich die personhafte Sprache gebraucht."[16]

Und der Mathematiker und christliche Apologet Hans Rohrbach hat sich so dazu geäußert: „Über der Personhaftigkeit des Teufels liegt ein Geheimnis, das die Bibel nicht preisgibt."[17] Rohrbach rät im selben Zusammenhang dringend, wir sollten uns den Teufel besser nicht in menschlicher oder auch nur in menschenähnlicher Gestalt denken. Und er weist zurecht darauf hin, dass Bocksbeine und Schwanz und Hörner – und was man dem Teufel noch an Attributen zuschreibt – „Produkte menschlicher Phantasie" sind, die „seit der Aufklärung mit Recht als lächerlich empfunden werden." Mit der Realität des Teufels habe das nichts zu tun.[18]

Halten wir fest: So ganz einfach ist die Sache mit der Leibhaftigkeit des Leibhaftigen offenbar nicht. Aber nun würde ich vorschlagen, dass wir uns der Frage noch einmal von einer ganz anderen Richtung aus nähern.

Wir leben in einer Zeit, in der zweifeln mehr als die Hälfte unserer Mitmenschen zumindest hierzulande an der Existenz eines persönlichen Gottes. Viele Menschen sind in dieser Frage stark verunsichert. Sie trauen sich allenfalls noch, an ein göttliches Prinzip oder eine unpersönliche höhere Macht zu glauben. Wenn das schon mit Gott so schwierig ist, dann passt die Vorstellung vom Bösen in Person, von einem Satan oder Teufel oder Diabolus erst recht nicht ins Bild. Aber nun fährt der Zug interessanterweise schon seit Jahrzehnten wieder in die Gegenrichtung. Da gibt es zum Beispiel ökologisch angehauchte Denker und Wissenschaftler, die fordern eine ganzheitlichere Sichtweise. Sie betrachten die ganze Erde als belebtes System mit einer Art kollektivem Bewusstsein. Sie sprechen von dem geschundenen, ausgebeuteten Globus, als wäre er ein Lebewesen. Sie billigen ihm fast schon persönliche Eigenschaften zu. Als hätten sie den Apostel Paulus gelesen – der hat ja bereits geschrieben: „Die ganze Schöpfung seufzt..." (Röm 8,22).

Und dann gibt es ganz aktuelle Denkansätze in der Hirn- und Bewusstseinsforschung, die sind eigentlich durch und durch materialistisch und insofern unverdächtig – niemand wird den betreffenden Forschern irgendwelche mystischen Neigungen unterstellen. Wenn wir diese Forscher beim Wort nehmen, was erfahren wir dann: Sie behaupten, dass Geist letztlich aus biologischen, chemischen, physiologischen Bausteinen entsteht. Die genauen Zusammenhänge sind noch unklar, aber den Bewusstseinsforschern stellt sich die Sache etwa so dar:

Bei einer entsprechenden Anordnung von Bausteinen verdichten sich die Nervenimpulse und die chemischen Reaktionen auf diese Impulse und die Spannungspotentiale und was da noch so alles passiert. Irgendwann haben sie sich dann so sehr verdichtet, dass da nicht mehr Nichts ist, sondern Etwas. Etwas, das „ich" sagt. So etwas wie Geist. So etwas wie eine Person.

Inwiefern ist dieser Sachverhalt für uns hilfreich oder spannend? Nun, da sind Naturwissenschaftler, Liebhaber harter Fakten, nüchterne Rechner. Und die können sich neuerdings allen Ernstes vorzustellen, wie so etwas wie eine Person entsteht. Man macht sich nicht mehr lächerlich, wenn man behauptet: Dinge, geistige Zustände, Gedanken können sich so stark verdichten, so konkretisieren, dass sie wesenhafte, persönliche Züge annehmen. Das muss man nur konsequent weiter denken, dann ist auch für aufgeklärte Menschen so etwas wie das Gute in Person wieder vorstellbar, das Göttliche,

Gott. Und genauso auch das Gegenteil, ein Gestalt gewordenes gegengöttliches, böses Prinzip, ein Satan oder Teufel. Ich bin mir nicht sicher, ob den Bewusstseinsforschern diese Implikation ihrer Überlegungen schon klar ist, und vor allem, ob sie ihnen lieb ist.

Am Anfang stand ja die Frage: Nachdem wir schon lang und breit über das Böse, sein Wesen nachgedacht haben, müssen wir da überhaupt noch über das Böse in Person nachdenken? Antwort, so leid es mir tut: Wir kommen nicht daran vorbei. Auch wenn selbst die Theologen zugeben, dass das Thema knifflig und die Aktenlage ziemlich dünn ist.

Wir könnten weiter fragen: Ist der Teufel für die Heilsgeschichte notwendig? Wäre nicht auch eine in Sünden verstrickte Menschheit und ein göttlicher Rettungsplan denkbar ohne den Teufel und all die Eigenschaften, die man ihm zuschreibt? Antwort: Anders herum wird ein Schuh daraus. Die Heilsgeschichte ist notwendig, weil es Sünde, Tod und Teufel gibt.

Nur deshalb musste sich Gott überhaupt einen Rettungsplan ausdenken. Das Böse und *der* Böse in Person stören gewaltig. Verunstalten und ruinieren die gute Schöpfung und die Geschöpfe Gottes. Nur deshalb hat Gott so viel dagegen aufgeboten. Hat sich persönlich der Sache angenommen. Und hat den Teufel an die Kette gelegt.

Mit der Aufklärung und mit dem Siegeszug der Naturwissenschaften seit etwa 300 Jahren hat ein Kehraus im abendländischen Denken begonnen. Gott und der Teufel und gute und böse Geister sind zumindest von den Gelehrten erst einmal ins Reich der Phantasie verbannt worden. Aber diese Entmystifizierung war offenbar nicht sehr gründlich und nicht sehr nachhaltig. Ein Beweis dafür wäre unsere alltägliche Sprache. In unserem Fall das Alltagsdeutsch. Was teuflisch ist, das weiß jeder. Teuflisches Verhalten, teuflische Gedanken. Teufel auf zwei Beinen. Teufel in Menschengestalt. Diabolisches Grinsen. Zumindest in der Sprache ist das Bewusstsein für die Existenz des leibhaftigen Bösen nie verloren gegangen. In der Literatur, auf der Theaterbühne, im Film – der Teufel hat dort seinen festen, respektierten Platz. Fast könnte man sagen: er ist kulturprägend. Goethes „Faust" wäre ohne den Mephisto ein Langweiler.

Wir können bei einem Blick in die Runde auch feststellen: Aufklärung hin, Wissenschaft her – der Teufel erscheint heute in gewisser Hinsicht realer als je zuvor. Realer als selbst im finsteren Mittelalter. Es leben heute mehr als 7 Milliarden Menschen auf dem Globus, und auch wenn nur ein relativ kleiner Teil dieser 7 Milliarden irgendwelchen obskuren Satanskulten anhängt, kann man doch sagen: Es gibt heute in absoluten Zahlen wesentlich mehr Teufelsanbeter als je zuvor.

Wenn man den Überlegungen des Psychiaters Scott Peck folgt, dann gibt es heute auch viel mehr unbewusste Opfer des Satan als je zuvor. Der amerikanische Nervenarzt hatte in seiner Praxis mit bösartigen Menschen zu tun. In diesen Leuten hatte sich das Böse in einer so handgreiflichen Weise manifestiert, dass sich Scott Peck sogar gefragt hat: Vielleicht kann der Teufel, wenn es ihn denn gibt, überhaupt **nur** in Menschengestalt auftreten? Vielleicht hat er überhaupt **nur so** Macht?[19] Darauf kommen wir später noch mal zu sprechen.

Tatsache ist offenbar: Der „Fürst dieser Welt", so wird der Teufel ja im Neuen Testament mal genannt, hat heute mehr Anhänger als je zuvor. In absoluten Zahlen ausgedrückt. Und da ist es nun relativ gleichgültig, ob es sich wirklich um fanatische Satanisten handelt - oder ob es Leute sind, die dem leibhaftigen Bösen aus Langeweile huldigen oder aus Trotz oder aus Protest oder aus Lust am Nervenkitzel. Solche Spaß- und Freizeitsatanisten gibt es ja auch, gerade in der Generation der 20- bis

40-Jährigen, und die würden zumeist für sich reklamieren, dass sie gute Demokraten und Steuerzahler sind und keiner Fliege etwas zu Leide tun können.

Halten wir fest: Für etwas, das es angeblich gar nicht gibt – für etwas, für das wir in unserer ach so modernen Welt doch eigentlich gar keine Verwendung haben, dafür hat der Teufel erstaunlich viele Anhänger, erstaunlich viele Altäre und erstaunlich viel praktischen Einfluss. Ein ganzer Wirtschaftszweig lebt von ihm, von seinen Verniedlichungen und Vergröberungen, angefangen bei den blinkenden Hörnchen für Karnevalisten über die Kleidermode der Gothic- und Dark-Wave-Subkultur bis hin zu einschlägigen Plattenlabels und Zeitschriften und Büchern. Und im Internet tummeln sich neben allerlei Spinnern und Hobbysatanologen auch eine Menge Leute, da will man es gar nicht so genau wissen, ob sie sich ihre Erfahrungen mit dem Teufel nur ausgedacht haben – oder ob mehr dahinter steckt.

Bei all dem Humbug und Unsinn, der über den Teufel verbreitet wird, ist es umso wichtiger, dass wir überprüfen: Was gibt es denn an halbwegs sicherem, verlässlichem Wissen über den Teufel? Wenn man weiß, worauf man achten muss, dann geht man ihm nicht so leicht auf den Leim. Was also wissen wir sicher über den Teufel, den Bösen in Person? Wir wissen nicht viel, und das Meiste von dem Wenigen, das wissen wir aus der Bibel. Und nun wird es Sie vielleicht erstaunen, aber der biblische Befund ist vor allem im Alten Testament ausgesprochen mager.

Was der Teufel ist – und was nicht

Wenn wir nur die Hebräische Bibel vorliegen hätten, die Schriften, die auch zur Zeit Jesu schon im Gebrauch waren, dann wäre der Teufel kaum etwas anderes als ein Phantom. Unter dem hebräischen Begriff Satan taucht er im Buch Hiob auf. Das ist insofern wichtig, als das Buch Hiob vielleicht die älteste Schrift im Alten Testament überhaupt ist (oder zumindest auf die älteste Erzählung zurück geht, auch wenn die schriftliche Gestalt, die uns vorliegt, jüngeren Datums sein sollte). Wir finden den Satan dort ihn der Umgebung von Gottes Thron, jedenfalls bewegt er sich ganz selbstverständlich in dieser Umgebung. Aber so recht dahin zu gehören scheint er nicht. Er fällt sofort auf, und im nächsten Satz erfahren wir: Er hat kurz vorher noch die Erde durchstreift. Und er bekommt von Gott die Erlaubnis, Hiob auf die Probe zu stellen. Ihn buchstäblich bis aufs Blut zu reizen. (Hiob 1,6-12).

Im Buch des Propheten Sacharja (3,3) heißt es: Der Satan tritt im Himmel als Ankläger auf. Satan bedeutet wörtlich: Der Widersacher. Und diesen Begriff gibt es dann noch exakt zwei Mal im Alten Testament. Nur einmal in dem Sinn, wie wir den Satan heute verstehen. Nämlich im 1. Buch der Chronik Kapitel 21. Da heißt es: „Der Satan stellte sich gegen Israel und reizte David." Er ist also dem Volk Gottes feindlich gesinnt und verleitet seinen König zu einer ausgesprochen dummen und folgenreichen Aktion. Das war es auch schon.

Mehr Teuflisches gibt es im Alten Testament nicht. Jedenfalls nicht im Klartext. Es gibt ein paar mehrdeutige Stellen in den Prophetenbüchern. Es gibt die Schlange im Paradies, der Adam und Eva auf den Leim gehen und die dafür verflucht wird. Es gibt das Phänomen der Besessenheit, es gibt böse Geister, aber vor allem als

Erscheinung bei den heidnischen Nachbarvölkern. Und es gibt im 1. Buch Samuel einen „bösen Geist vom Herrn", den hat also Gott höchstpersönlich entfesselt und los geschickt. Es gibt Bosheiten und Gemeinheiten in Hülle und Fülle, und die werden in aller Regel auch geahndet, aber *eine* Ausrede zieht zu Zeiten des Alten Testaments jedenfalls nicht: Man kann das böse Verhalten nicht dem Teufel in die Schuhe schieben. Der tritt jedenfalls nur sehr selten aus der Deckung.

Im Neuen Testament sieht die Sache anders aus. Und das liegt im Wesentlichen an Jesus. Jesus hat vom Teufel gesprochen und abwechselnd auch vom Satan. Ihm ist selber unterstellt worden, er sei mit dem Teufel im Bund (Matth. 9,34; Mark. 3,22). Jesus hat Dämonen und unreine Geister ausgetrieben, eine Art Fußtruppen des Teufels, wenn man so will. Und mit denen haben offenbar auch die Zeitgenossen Jesu gerechnet. Und Jesus hat sich mit dem Teufel direkt auseinander gesetzt (Matth. 4,1-11).

Aus dem, was Jesus über den Teufel gesagt hat, kann man eine Art Psychogramm erstellen. Was hat Jesus dem Teufel alles bescheinigt?

Der Teufel ist ein Lügner. Jesus zufolge ist er sogar der „Vater der Lüge" (Joh. 8,44). Er ist nicht wahrhaftig. Er verdreht die Tatsachen oder biegt sie zurecht. Er streut Zweifel. Und wenn wir die ersten Seiten der Bibel aufschlagen, dann entdecken wir: er hat schon früh damit angefangen. „Sollte Gott gesagt haben?" sagt der Teufel in Gestalt der Schlange zu Eva (1. Mose 3,1). Und als Eva ihn korrigiert und ihm erklärt, dass sie sich im Garten freizügig bedienen können, nur von den Früchten an dem einen Baum, davon sollen sie die Finger lassen, andernfalls werden sie sterben – da zischelt ihr der Teufel zu: „Stimmt ja gar nicht. Ihr werdet keineswegs sterben" (1. Mose 3,4). Eine glatte Lüge und damit typisch für den Teufel. In Goethes „Faust" sagt der teuflische Mephisto von sich: *Ich bin der Geist, der stets verneint!* Sehr treffend beobachtet.

Der Teufel ist ein Mörder. Das ist er immer schon gewesen. (Joh. 8,44). Damit ist er das schiere Gegenteil von Gott. Denn von Gott wissen wir: Gott will nicht den Tod von Menschen, noch nicht einmal von schuldigen Menschen, sondern er will, dass Menschen leben. Der Teufel dagegen zerstört Leben. Er ist der Wolf, der in die Schafherde einbricht und sinnlos tötet.

Der Teufel ist ein Dieb und ein Räuber (Joh. 10,1). Worauf hat er es abgesehen: Auf das Leben, auf die Lebenskraft. Der Teufel sät Unkraut zwischen den Weizen (Matth. 13,25), das heißt: er provoziert Kummer und Sorgen. Auf dass es uns ja nicht zu wohl wird.

Der Teufel setzt Menschen zu und will sie außer Gefecht setzen. Jesus sagt seinen Jüngern beim letzten Abendmahl sinngemäß: „Der Teufel hat einen Antrag gestellt. Er will euch sieben, wie man Weizen siebt" (Luk. 22,31).

Der Teufel kann Menschen beeinflussen. Er kann momentan oder für begrenzte Zeit sogar beherrschenden Einfluss über sie gewinnen. Er versucht es jedenfalls – und manchmal hat er Erfolg. Jesus musste einmal sogar den arglosen und ahnungslosen Petrus anschreien: „Weg mit dir, Satan!" (Matth. 4,10).

Der Teufel ist der Fürst dieser Welt. Das sagt Jesus im Johannesevangelium (Joh. 12,31; Joh. 14,30). Offensichtlich hat der Teufel Macht. Aber genauso offensichtlich ist der Teufel ein Fürst von Gottes Gnaden, und seine Macht ist begrenzt. Martin Luther hat dazu sehr plastisch gesagt: Der Teufel ist Gottes *Kettenhund*. Ein Kettenhund ist gefährlich, ist abgerichtet, unterliegt einem Beißzwang. Ein Kettenhund kann schon ernsthaft verletzen und zerfetzen, was ihm vor die Fänge kommt. Aber er liegt eben an der Kette. Sein Radius ist begrenzt.

Der amerikanische Psychiater Scott Peck ist in seiner Praxis einer Reihe von Leuten begegnet, bei denen hat er nach Lage der Dinge vermutet: die sind so böse, die hat der Teufel im Griff. Buchstäblich. Scott Peck hat spekuliert, dass der Teufel vielleicht überhaupt *nur* in Menschengestalt, *nur* in einem menschlichen Körper, Schaden anrichten kann. Aber diese Vorstellung ist nicht ganz ungefährlich. Womöglich unterschätzt man den Teufel damit. Womöglich kann er sich doch auch anders manifestieren. Und wir erfahren ja im Neuen Testament auch von Mächten und Kräften in der Luft. Die sind offensichtlich nicht an Körper gebunden.

Der Teufel ist bibelfest. Jesus gegenüber hat es der Teufel doch tatsächlich mit Bibelzitaten probiert. Das ist wichtig zu wissen. Wer vermutet schon, dass der Teufel im frommen Mäntelchen daher kommen könnte. Damit wären wir bei einer interessanten Eigenschaft des Teufels: Er verkleidet sich gern. Er versteht sich auf Mimikry. Der Kirchenvater Augustin hat den Teufel als „Affen Gottes" bezeichnet. Er äfft Gott nach. Er verstellt sich als „Engel des Lichts", heißt es bei Paulus im 2. Korintherbrief (11,14).

Wenn das so ist, wenn sich der Teufel so gut auf Tarnung versteht, dann heißt das auch: Wir können nicht davon ausgehen, dass er sich immer durch Schwefeldunst verrät, dass er also offen erkennbar ist. Der Volksmund sagt treffend: Der Teufel steckt im Detail.

Das wären einige der Eigenschaften, die dem Teufel in der Bibel, vor allem im Neuen Testament zugeschrieben werden. Und jetzt noch ein paar Sätze zu dem, was der Teufel *nicht* ist. Zu Eigenschaften, die er *nicht* hat. Die entscheiden nämlich über den Ausgang der Geschichte. Was ist der Teufel alles nicht?

Der Teufel ist *nicht* Herrscher über die Hölle. Auch nicht Herrscher über die Unterwelt oder über das Reich der Finsternis, entgegen allen populären Vorstellungen. Er ist allenfalls so was wie ein Verwalter in höherem Auftrag. Wir wissen aus der Bibel, und wir hören es aus dem Mund Jesu: Es gibt keinen noch so abgelegenen, finsteren Winkel in der sichtbaren und der unsichtbaren Welt, wo Gott nicht herrscht.

Der Teufel wird seinen Anhängern diese Tatsache natürlich nicht freiwillig auf die Nase binden. Und natürlich kann sich auch ein Verwalter ziemlich selbstherrlich aufführen und in seinem überschaubaren Einflussbereich andern das Leben buchstäblich zur Hölle machen. Aber irgendwann ist Schluss mit lustig. Verwalter sind ihren Auftraggebern Rechenschaft schuldig. Und auch für den Teufel wird einmal der Zahltag kommen, das wissen wir ebenfalls aus der Bibel.

Der Teufel ist *nicht* Schöpfer. Er wäre es gern. Er wäre gern so allmächtig und so kreativ wie Gott. Aber er ist nur ein Geschöpf. Er war ursprünglich vielleicht auch gut geschaffen, aber dann ist er aus der Art geschlagen. Der Teufel ist Geschöpf – damit ist auch klar: Er hat in Jesus seinen Meister gefunden. Denn Jesus ist *kein* Geschöpf. Jesus ist der eingeborene, sprich: der einzig geborene Sohn des Vaters. In den Glaubensbekenntnissen von Nizäa und Chalcedon und im athanasianischen Glaubensbekenntnis, da sagt die frühe Kirche über Jesus: Er ist „Gott von Gott, Licht vom Licht, (…) *geboren, nicht geschaffen*, eines Wesens mit dem Vater." Das alles unterscheidet ihn ganz gravierend vom Teufel. Sportlich ausgedrückt: Jesus spielt in einer ganz anderen Liga. Es ist verständlich, dass der Teufel alles versucht hat, Jesus zu stoppen, Jesus auszubremsen, aber es war von vornherein klar: Er hat gegen Jesus keine Chance. – Was wissen wir noch über ihn?

Der Teufel kann Gott *nicht* das Wasser reichen. Er ist ein Renegat, er will Gott den Thron streitig machen, aber er hat nicht das Format dazu. Er kann Gott nicht gefährlich werden. Das ist schon mal beruhigend. Die weniger schöne Folge ist: Weil er Gott nicht gewachsen ist, darum hält er sich an uns. Menschen fallen leichter auf ihn herein. Auf sein Aufplustern und Locken. Auf seine Einflüsterungen und Täuschungsmanöver und Schmeicheleien. Auf seine Lügen und seine Fallen.

Aber Sie und ich, wir müssen diesen Verführungen und Schmeicheleien nicht erliegen. Wir sollen unsere Feinde lieben, aber diesen Feind dürfen wir sogar hassen, ihm sollen wir die Stirn bieten. Im 1. Johannesbrief (2,13) wird den Christen in Kleinasien ausdrücklich bescheinigt: „Ihr habt den Bösen überwunden."

Was gegen *das* Böse hilft, das hilft auch gegen *den* Bösen. Man kann ihm Widerstand leisten, man kann standhalten, man kann ihn überwinden. Und Jesus Christus hat das Seine dazu schon getan. Kurz und bündig heißt es in 1. Joh. 3,8: „Dazu ist erschienen der Sohn Gottes, dass er die Werke des Teufels zerstöre." Das bedeutet: Niemand muss vor dem Bösen hoffnungslos kapitulieren. Das Böse und *der* Böse haben nicht das letzte Wort. Sie haben ihren Meister gefunden.

Literaturverzeichnis

Arendt, Hannah: Über das Böse. Piper Verlag, München 2007
Arendt, Hannah: Eichmann in Jerusalem. Ein Bericht von der Banalität des Bösen, Piper Verlag, München 2005
Eagleton, Terry: Das Böse, Ullstein, Berlin 2011
Lewis, Clive S.: Dienstanweisung für einen Unterteufel, Kösel Verlag, München 1981
Lorenz, Konrad: Das sogenannte Böse, dtv, München 1974
Peck, M. Scott: Die Lügner. Eine Psychologie des Bösen und die Hoffnung auf Heilung, Claudius Verlag, München 1990
Rohrbach, Hans: Mit dem Unsichtbaren leben, R. Brockhaus Verlag, Wuppertal 1976
Rust, Heinrich C.: Und wenn die Welt voll Teufel wär..., Projektion J, Asslar 2002

Anmerkungen

[1] Solschenizyn, Der Archipel Gulag, I/4
[2] Lewis, Dienstanweisung für einen Unterteufel, S. 42
[3] Eagleton, Das Böse, S. 185
[4] Lorenz, Das sogenannte Böse, S. 18ff
[5] Lorenz, S. 48
[6] Lorenz, S. 234
[7] Johan Galtung, "Violence, peace and peace research", in: Journal of Peace Research, Vol. 6, No. 3
[8] Arendt, Eichmann in Jerusalem, S. 347
[9] Arendt, Über das Böse, S. 15
[10] Arendt, Über das Böse, S.45
[11] Fuchs, in: Sozialpsychiatrische Informationen, 2/2012, S. 4
[12] Arendt, Über das Böse, S.42
[13] Fuchs, a.a. O., S. 8
[14] Peck, Die Lügner, S. 283
[15] Pinker, Das unbeschriebene Blatt, S. 439
[16] Rust, Und wenn die Welt voll Teufel wär, S. 66
[17] Rohrbach, Mit dem Unsichtbaren leben, S. 24
[18] Rohrbach, S. 18
[19] Peck, S. 231

Markus Baum ist regelmäßig zu hören im Programm von ERF Plus, zu empfangen deutschlandweit im Digitalradio und weltweit im Web: http://www.erfplus.de

Weitere Bücher und Schriften des Autors:

Jochen Klepper, Neufeld Verlag Schwarzenfeld 2011,
ISBN 978-3-86256-014-1

Eberhard Arnold – ein Leben im Geist der Bergpredigt,
Neufeld Verlag Schwarzenfeld 2013,
ISBN 978-3-86256-035-6

Gott und Google – der kleine, feine Unterschied,
TWENTYSIX 2016, ISBN 978-3-7407-1148-1

Alle Titel erhältlich im Druck und als E-Book.